CAPITÁN SIN MAR

THE SEALESS CAPTAIN

Rudy Calderón

authorHOUSE®

AuthorHouse™
1663 Liberty Drive, Suite 200
Bloomington, IN 47403
www.authorhouse.com
Phone: 1-800-839-8640

First published by AuthorHouse 11/17/2008

Printed in the United States of America
Bloomington, Indiana

This book is printed on acid-free paper.

ISBN: 978-1-4343-9930-4 (sc)

Library of Congress Control Number: 2008908805
Biblioteca del Congreso Número Reguladora:
Library of Congress Control Number:

Impreso en los Estados Unidos De América
Bloomington, IN

Este libro se imprime en papel libre de ácidos.

Contents

SPANISH

Capitán Sin Mar

Yo soy el capitán sin mar.
Tengo mis sentidos puestos
para entender las olas y
presentir las tormentas,
mas sólo será sobre el continente
ya que me rodean mares de
tierra, concreto, y chapapote.

Yo soy el capitán sin mar.
Aun con una técnica marinera,
sin igual, me han desterrado en el desierto.
Mi traje de capitán, cada día,
va perdiendo su valor.

Yo soy el capitán sin mar.
En cada instante, mi mente
lucha contra ballenas
y corteja nuevos continentes.
Me despierto después
para vagar solo en el
jardín Getsemaní.

Yo soy el capitán sin mar.
Como los océanos fluyen,
sólo dirijo las emociones esenciales
quienes son peones malvados,
siempre queriendo intrincar
a los demás.

Yo soy el capitán sin mar.
Subo los escalones
cuando ellas bajan,
tomo refresco fuera
de la iglesia de "Nuestra
Señora de Soledad," qué
nombre tan melancólico para una
institución de esperanza.
Busco las monedas en mi
bolsillo sabiendo que nada hallaré.
Hago la señal de la cruz
y después salgo a
pecar por toda mi existencia.
Soy el sacerdote quien no cree
mas a nadie se lo admite;
tengo que asistir y ayudar a
entumir este sueño.

Yo soy el capitán sin mar.
En mi mente me refugio en
el río Mezcala que es mi mar caribeño.
Sus peces son ballenas,
y sus rocas sobresalientes son
nuevos continentes.
Yo soy el nuevo Cristóbal Colón.
Las golondrinas son aviones 747
volando hacia todas partes.

Yo soy el capitán sin mar.
Si quisiera ser Cortez o Quetzalcóatl,
no pudiera serlo. Yo soy aire dentro de un

jarro cerrado y el aire preciso está por fuera.
Mis ojos prefieren no mirar por mi vitrina
de 360 grados, mi jarro se está, cada día,
encogiendo más y más.

Yo soy...
anciano sin iglesia,
cojo sin muletas,
caminante sin piernas,
chofer sin vehículo,
canción sin melodía,
cemento sin arena,
semáforo sin electricidad,
alumno sin escuela,
creyente sin Dios,
árbol sin raíces,
joven sin rebeldía,
sancudo sin humedad,
la noche inmensa, sin estrellas.

Yo soy....

... el capitán sin mar.

Dulce árbol de la vida

Te abracé esa noche
para tener tan siquiera
una conexión en esta vida.

Me enseñaste lealtad
por no alejarte al oír mis comedias trágicas.
Pero sí noté, que se marchitaba y caían
tus hojas. Mejor alejé mis manos de tu ser.
Inmediatamente te empezaste
a fortalecer. Cargo las tinieblas
en mis palmas.

Camino

Camino hacia un edificio indiferente;
toda la historia, me acompaña; jamás
estoy solo, ¡qué ironía!

Camino hacia el abismo oscuro
y me desahogo de
los pensamientos
del ayer.

Camino hacia mi casa ambulante,
casa con raíces de nopal y sangre
porque mi refugio es el yo.

Viviente menina

La viviente menina
viene hacia mí sin
pensar en su corazón.
Ella carga su egoísmo
en su juventud.

Tu ojos

Cuando tus ojos
decidan ya no verme,
ciego quiero ser.

Las palabras

No hay nada
mal con palabras más que
las vocalizaciones de la penumbra
de cada noche, que oscurece todo
el llanto del estar
solo.

No hay nada mal con palabras,
palabras andantes como el auto
conseguido con tanto esfuerzo
pero sin el pétalo
que enflorece la
conciencia.

En el sentido más simple

En el sentido más simple
del pensar, le dije a la bella
mujer- "Qué intensamente
bella está hoy, señora."

Me dijo, "Gracias." Volteó la mejilla
para enseñarme que la carretera
terminaba ahí. Después, se
fue a vivir.

No me importa... Como el sol se aparece
cada mañana por la primavera, su sonrisa
penetró cada célula que, amontonados,
hacen la materia que soy yo.

En el sentido más simple,
me convierto en optimista y el baso
se mira hoy, por siempre, en abundancia
en ese sentido...

más simple.

En una vida anterior

En una vida anterior,
fui una ortiga que
trató de entender
su belleza interna.
Pero, sólo logró
cubrirse en lo
más agudo de
sus vicios.

La metáfora y unas mujeres

Dicen que se encuentran hembras
que odian con fervor a la razón. Sólo entienden
que la metáfora es algo extraño a su vocabulario
sin entenderlas cuando están sobre sus carreteras.
Si les cantan, "La Gasolina," piensan en
el combustible y la economía
pero ellas no harán la
conexión.

Mi suegra querida

Mi suegra me tiene rencor
por todas sus problemas anteriores.
La entiendo. Me regaña y me dice
que valgo un centavo. Me llama un
caracol sarnoso. Me dice que soy hijo
de Satanás y que me venga
la muerte recio.

Me cachetea con el antecedente y su cólera.
Me canta canciones percibiendo el vivir
pero que sólo la llevan al dormir;
con mi gran ignorancia le contesto,
"¡Esa es mi suegra!"

El barco viene

El barco viene
¿Pero no estoy listo?
No hay que pensar

¿Más que yo?

¿Más que yo?
la luna que ilumina
y magnifica las pesadillas.

¿Más que yo?
el sol quien quema y
desborona mi ignorancia.

¿Más que yo?
el enfermo quien tiene
dolor y aflicción carnal.

¿Más que yo?
el perro vagabundo que se duerme
con sólo el pensar en la comida.

¿Más que yo?
bueno, continuamos mañana ya que quedan
volúmenes para hablar al respeto y, bueno,
la realidad es más aceptable
en porciones.

Quid pro quo

La verdad está en mis ojos,
mas nadie me dirige la mirada.
Entonces…

los cierro.

Me refugio en
el *quid pro quo.*

Yo soy él y tú

Yo soy él y tú.
Mis células te entran.
Jamás morimos.

Ríos intrincados

Ríos intrincados que
fluyen por distintos y
semejantes corrientes.
No hay tiempo para el hoy
porque las aguas se alegran
en su acción para no contemplar
la absurdidad del vivir.

Simplemente, bella

Simplemente, bella.
Tu sonrisa tranquiliza todas mis
pesadillas traicioneras.

Tu pelo es bondad y forma perfecta.
Tu sonrisa dirige mis pensamientos
que navegan sin rumbo. Pero en ella,
todo se convierte fecundo.

Tu alegría; si tú me das una y yo te
doy una, todo es lo mismo.
Mas, ahí en unos instantes
llegará la diferencia.

Simplemente,
bella.

Ayer busqué

Ayer busqué mi memoria
en mi río de lágrimas, huracán
que quebró e inundó mi arco iris y
manantial del mañana.

Ayer busqué mis ojos
pero se perdieron por el miedo infernal;
enseñé demasiada inmadurez. Hoy
navego con los ojos de mis ojos, y
veo todo más lúcido.

Ayer busqué el "amar"
para que tuviera un sentido
alegre mi novela. Me dejó codiciando
lo opuesto.   Hoy lo que busco es,
el no buscar. ¡Qué ironía!

Entre dos piedras

Entre dos piedras,
la vida no vivida.
Vivo, sin vivir.

La llave y el candado

Tu esencia, es esencia verdadera.
Tú y yo; yo y tú; y después
no hay distinción. Seremos
un cuerpo, la llave y el candado.
Dios hace todo precioso y a la
medida, mas lo contrario es buena
unión, Lorca alegará.

Tu mejilla es mejilla de sandía
que me hace entender que
la moral es un asunto del tiempo.
Todos, en un tiempo u otro
llegarán cayendo de
la montaña.

Una noche de maravilla

Caminando por La Costera en Acapulco
del gran Miguel Alemán, saludé al asta,
en frente del parque papagayo,
de este país mestizo. Entré a la bahía
vestido con mi naturaleza.
Esa noche, fui uno con
los cosmos; llevamos un diálogo
donde las nubes me cubrían y
los rayos caían por todo
mi alrededor.

Por fin, pude hablar francamente

                y sin
interrupciones con
      Dios. Fue una noche de…

       maravilla.

El fútbol

Cuando siento perderme en el nada,
me refugio en los deportes;
el fútbol reemplaza todo el
espacio en que navega
la oscuridad y
sus socios.

La flor de mañana

La flor de mañana,
vendrá y reinará sobre
todo lo que escila.

Cizaña…
                    por fuera tan
deplorable.

Pero, gracias a Dios, por su interior.
Ella es lo dulce que tranquiliza el saludo.
Ella estremece los pesares porque
sabe que su presencia hace
el trabajo más
difícil.

Las lágrimas

Las lágrimas que han dejado mis ojos,
han creado un escasez ya que mis
ojos, hoy, requieren lágrimas artificiales
pare humedecer los ojos de mi jardín que son
tan tropicales. El tiempo de aguas se fue,
cualquieras que lleguen,
serán aceptables.

Esta tarde

Esta tarde rodeé a Alcatraz.
El viento gritó lamentaciones
de los acontecimientos y barbaridades
cometidos hacia los reos tras ese edificio.
Oscuras almas sin consuelo. La espuma del mar
conecta con mis ojos y trae mensajes
de los llantos del ayer.

Jesús murió

Jesús murió a mi edad, ¿qué
más pediré yo hoy? Me siento el joven apenas
salido de la prepa, pero la realidad es inevitable.
He sido previlijiado de una manera excesiva.
Entre mis emociones, mi sensibilidad me
postra de rodillas, derramando lágrimas
por todo el océano Pacífico. Más jóvenes
que yo, han sucumbido al reloj y
colgado los tenis.

El ayer

¿Cuándo he de ir
al bosque primitivo?
¡Quiero ver la luz!

El alumno mexicano

Hoy le miré los ojos al
tataranieto, amplificado doce veces,
y me hizo preguntas del
origen de su piel.

También, me hizo preguntas
de las razones de los triunfos de los EE.UU.
Todo esto lo hizo en el idioma inglés sin
saber una célula de español, y yo
sin una gota de inglés. La
contesta fue sólo
la compasión.

El crepúsculo

El crepúsculo quema mi hoy
y me hace navegar hacia momentos
hipnotizadores; el sol baja y, con él,
las presiones del comercio.
Voy a sentarme en la plaza
y les aviento arroz a las bellas
y simples golondrinas.

El optimista

Yo traigo el sol horas antes
de que venga el alba o la aurora.
Yo soy el pensamiento antes del reír.
Yo levanto y hago que la pequeña hormiga
vuele por mi tenacidad. Todo es posible
por medio de la tremenda confianza
del corazón y alma.

Montar a caballo

Montar a caballo,
quiero montar a caballo
para hablar con el arroyo y el encino,
saludar y comer con la pantera negra,
regresar a los tiempos donde
corría para cazar los limones
y darle carrera al "Chiquillo," el
más valiente de
los alazanes.

Montar a caballo,
en el sendero hacia el verdugo,
que lo veo más y más cerca a través
de las horas incompasivas y salvajes.
Tiene la mosca negra a su lado
que le va susurrando la canción precisa.
Bajo el sombrero y con los ojos
bien fijos sigo hacia el final
a todo volumen.

Amor marginado

Lejos de Acapulco
y siento como que me han
arrancado mis arterias. Aquí solo hay
inyecciones que entumen el alma
para convertir a uno en una máquina
ambulante sin aceite en
sus conexiones.

En cada caminar, todo el
fundamento se estremece
y el amor se queda marginado,
llorando sin compañía. Yo sólo
me explico que fui escogido
a reportar nuestra comedia.
La clave es codiciar la
ignorancia.

.

Batalla contra la eternidad

Me hospedé en Caleta
por una semana. De pronto,
me tocó atrincherarme en guerra contra la
eternidad; oí sus ráfagas incansables
combatir contra mis amores. Ellas fueron héroes
en esta lucha; la compasión vino también;
cualquier ayuda fue bienvenida.

Ahí me encontré,
con voz atenta, mi corazón
dirigiendo el contraataque.

Mi alma siempre se refugia y
se acuerda de haberse bañado en
La Laguna de Coyuca y en
el Revolcadero; esas fotos
me dan fuerza para seguir
contra el enemigo.

El tío y el sobrino

Siempre me pregunta mi sobrino,
"¿Para dónde va cada mañana tío?"
Le contesto, "Voy a la guerra, mijo."

Me contesta con un dulce y energético ánimo,
"¡Yo voy con usted!" Le explico, "Mijo,
cada uno tendrá su propia guerra.
Mejor crece y ponte fuerte para
cuando tu guerra empiece,
estés listo."

Quise ser

Quise ser Dr. de Filosofía.
Pero, a mi sorpresa, llegué a ser
algo sumamente mejor…

¡un jardinero!

¿Cuántas veces muere el ser humano?

¿Cuántas veces muere el ser humano?

¿una o cien?

¿en cada párpado de ojeras?

¿muere con cada lamentación?

¿o muere al sólo introducir el
signo de interrogación?

La sangre explotadora

Alma oscura que
trae recuerdos de la
violación de África.

Alma cuyos ojos tienen
explotación corriendo
por las venas y arterias de ellos
quienes cortejan los sueños
de pipa.

Piel que se mueve
con cada segundo,

alma que corre y
se esconde de esa luz de arriba,

alma cobarde, en frente
de la cara de la justicia
que me da inmensas oportunidades
de constantemente matar
un poco del vicio que
llevo por dentro.

De la sangre que explota,
si hay excepciones; yo conozco
a varios de esos y hay varios que no
conozco. Los demás, bueno,
¿qué más se dice al
respeto?

Salí a solas por la puerta

Pasé por la aduana y
se me hizo tan cómico
que lo que más llevaba
no lo inspeccionaron.

"¿Qué trae con usted
señor? me preguntó
el agente.

"Bueno... en mi pensar..."

¿Trae comida, mercancía
más de 10,000 dólares
en efectivo, químicos?

"No, pero" yo creo
que..."

"Puede pasar," me
dirigió el agente
con un dedo hacia
la salida.

"Colecté la exposición
venía a declarar
y ~~me~~ ~~fui~~ ~~apreciando~~
~~dije~~ ~~le agradecí al~~
le di gracia al
agente quien no tomó
cuenta o recíproco.
Salí a solas por la puerta.

Salí a solas por la puerta

Pasé por la aduana y se
me hizo raro que lo que
más venía a declarar, no lo
inspeccionaron.

"¿Qué tiene que declarar
hoy señor?" me preguntó el
agente de inmigración
de forma brusca.

"Bueno, en mi pensar..."

"¿Trae comida, químicos, más
de 10,000 dólares en efectivo?"
recitó rápidamente el agente como
si de tanto que lo decía ya
lo llevaba grabado.

"No, pero yo creo que..."

"Puede pasar," dirigió el agente
con un dedo apuntando hacia
la salida y sin prestarme
la mirada.

Colecté el detallado discurso
que traía preparado para declarar
y le di las gracias al agente
quien ni tomó cuenta
o reciprocó.

Salí a solas por la puerta aduanal,
con una inmensa confusión.

¿Qué pues?

Qué tan difícil es recoger
botes reciclables de la basura,
por medio del ego.
Pero qué alegría le
da a la ociosidad.
No me importa que me
miren, ay ellos.
Si no les debo,
¿qué pues?

Café Getsemaní

Tomo un café a solas por la aurora
de un martes… llueve y el comercio sigue
allá, corriendo a su entierro y la caída
del imperio siguiéndolo;
la avaricia los sigue
como sombra.

A solas, así he vivido, a solas.
A finales de ese año, empezó mi rumbo.
He caminado mucho, pero demasiado.
Me han desdichado por mi barba.
A solas, está mañana en el Café
Getsemaní, sólo queda el sufrir
en el jardín del ayer.

Espuma mía

Flor con colores de arco
para atraer el sol...

Flor con tu amapola abierta para que vengan
las abejas a penetrar el epicentro y
hacer la miel de cada día.

El sol, pide la luna.
Lo derecho, se entiendo por lo izquierdo.
El trabajo, deja que uno ame el descanso.
La música, alegra el sonido de nada.

Como el mar que soy, me acerco a esa espuma
para que limpie y alegre mis aguas
que solas han fluido
con la tempestad.

Pasé toda la noche recorriendo

Me pasé toda la noche recorriendo,
recorriendo mis otras vidas.

Me recordé que fui unos de
los que apoyaron la independencia de México.
Para ser franco, me gustó el alborote y me dejó
alejarme de los salones de los profesores regañones.
En esa vida morí cuando, como prisionero
de los españoles, quise darle un pan mío a otro
reo compañero. Un español, caporal, me golpeó
con un martillo sobre la cien. De tan mal
que quedé, me quitaron de mi miseria
con una 30/30.

También, repasé una vida viciosa y lamentable.
Yo era uno de esos, un Dorado
de Villa, dándole mala
fama a la campaña del norte.
Digamos que mis pasiones
no estaban en las ideas como
la libertad. Los pueblos
mismos y su posteridad testificarán de mi
infamia por sus apellidos. Bastardos, sin duda,
llamaban a mi sangre que rodeaba
con emociones sueltos.

Otra visión, me enseñó como Cura a mediados
del siglo diecinueve. Yo bautizaba, cazaba y
tenía todas las respuestas para el pueblo
que fue débil en su creer. Yo tenía respuestas
espirituales para todos los dilemas. Yo ayunaba
por el más grande o más pequeño pecado.
Sólo fallé una misa en este oficio ya que
Dios me mantuvo ocupado
al sólo pensar en Él.

El pequeño gigante

Yo soy colina entre montes,
el pequeño gigante que
corre sin correr, que
crece sin crecer

Yo soy autopista
con aduanas amorales.
Cada inspección es vital ya que
la salubridad primordial
depende de ellas.

Yo soy roció que
viene desde las Islas Marías.
Con los desdichados,
está mi compasión.

Yo soy alegría que
combate la cólera
de la existencia. Mi escudo
es la soledad y mi
espada, el amor.

Cerré los ojos... al perder

Estuvimos,
pero a la vez…
…no estuvimos

Llegamos sin nuestro epicentro.
Llegamos, nuestras mentes
desunidas antes del partido,
tal como terminó físicamente Tupac Amaru en el
sur.

Pero nos ganaron…
¡caray,! Nos ganaron.
Cobardes
seríamos decir lo contrario.

También se les tiene que aplaudir su esfuerzo.
Ellos también tenían la misma meta,
Ellos llegaron con su epicentro.

¡Llegaron!…
la red diría que…
llegaron,
¡tres veces ella
lo gritaría!

Y, bueno, al fin, saboreamos una tarde de limón
y nos fuimos mirando hacia el crepúsculo.
La tarde empezaba a ponerse
de acuerdo con el anochecer.

Pero como el sol es gobernante del universo que
concede que gobierne la noche por un tiempo,
mañana vendremos por La Copa.
Hoy la entregamos con el rostro
en alto hacia los halcones.

Mas que no se
enamoren tanto de ella, porque
somos necios.

(Dedicado a la gran Selección de El Camino Jr. High School del 2008)

Fluyo hacia el Oriente

Mi alma es una arroyo
claro y profundo, dador de vida.
Fluyente viene del Oeste, fluyendo
hasta el oriente buscando
el sagrado Lotus.

Mi alma no tiene
empiezo ni fin, es una
canción que sólo se le acerca
al sensible corazón.

Mi cuerpo fue sacrificado
por los aztecas para llenar a los dioses.
Pero mi alma, expandió
sus alas.

Mi alma crece con cada respiración,
aun si cargo, hoy, nuevo vestuario.

Más lejos de mí

Tú te has ido
Mas vienes cada noche
Odio el verbo

Nos vemos de nuevo

¡Te veo de nuevo, maldita!
Sí se nos concedió, caray.
Bailaremos de nuevo al
ritmo de tambores
rumberos.

Tu vestuario blanco se moverá
e hipnotizará los cosmos.
Tu cuerpo de canela y miel
lo veo y siento caminando
debajo de las palmeras
de cocos.

Rudy Calderón

Las marionetas

"Sap, sap, sap, sap…"
Las golondrinas se mueven
con precisión, como el ejército
más eficiente.

Entienden el *carpe diem*
estando en el zócalo
de Acapulco.

Ninguna acción de ellas
es en vano.

El humano es
su marioneta.

Son ellos quienes son
dirigidos por esas
diosas de color
plomo y boca
picadora.

La paloma y yo

Muy disimuladamente se me
acercó a los pies una paloma deplorable,
mientras estaba sentado bajo la sombra de
un árbol de mango, en el epicentro
del zócalo de Acapulco.

Fingiendo comer granos de arroz
me dijo, "¿Qué esperas?"

Sorprendido, miré a mi alrededor
a ver quién se burlaba de mí.
Encontré mi locura y le contesté
a la malvada paloma,
"Nada...no espero nada."

"¡Mientes!" me acusó. "Yo
antes era como usted, y ahora
mire a que alturas he subido."
Picaba hacia unas hojas maltratadas,
mientras yo reflexionaba sobre
este fenómeno.

"Me quieres decir que hay
vida después de esta vida?" le
pregunté mirándola
como un loco.

"Güey, ¿te crees de todo
lo que se te dice verdad? Lo

dije para agradar y pasar el tiempo.
Presta atención... El tiempo
es el dios más alto, el pontífice de
todos, ¿no sabías? Por Él, vienen las
religiones, el miedo, humildad,
y reflexión.

"¡Mire!" me dictó. Miré hacia el cielo y después
hacia mi alrededor. Después de seguir
sus instrucciones, miré hacia
la paloma, pero sólo
estaba el aire.

La obstinación mejicana

El mejicano me mira
con obstinación, por un
sin fin de razones dicen.

Me odia por haber
tenido una educación extendida,
y el poder hablar en más de un
canal en mis entendimientos
con la sociedad. O sea me odia por
haber agregado otro idioma
más que el español o el idioma de
las regiones mejicanas.

Me odia el mejicano porque
de mis ojos sale la cultura anglo
ya que por ellos les dan
lecciones sin hablar.

Me odia el mejicano porque
percibe que por unas cuantas
monedas de más que tengo,
he perdido el amor
o de alguna forma menos
precio mis raíces.

No les tengo contestación,
sólo sé que eso es demasiado
lejos de la verdad.

Aguas distintas

Ahi en La Quebrada de Acapulco
comía mi almuerzo con calma.
Miré hacia el océano que chocaba
contra mis pies. Hacia la derecha
del océano, había unas aguas distintas
a las aguas del resto del mar. Estas aguas
distintas eran de color turquíes rodeado
de espuma blanca y recién nacida.

Las aguas distintas luchaban
para ser como ellas querían aun
con la contra fuerza del resto del Pacífico quien
trabajaba para hacerlas marchar
como el resto del océano.

Después de un tiempo, una
ola inmensa llegó y despedazo a esas pequeñas
aguas que eran deficientes pero no se rendían con
su esmero de hierro. Luego del choque, esas aguas
luchadoras desaparecieron debajo del océano y
todas las aguas tomaron la forma
de una agua singular.

Lo que no tienen

los gueros

Hoy vienen en barco desde
muchas leguas a ver lo que
no tienen en sus tierras.

Los quienes dan su
vida, más de una vez al
día para traer sonrisas
y vida presente a
esos quienes ~~no entienden~~
han sometido sus vidas
a los placeres materialistas.

Pero... después del clavado,
serán los clavadistas
mejicanos quienes
limpiarán sus pecados
y nacerán de nuevo,
por su devoción a la
humanidad.

Lo que no tienen

Hoy vienen los güeros en
barco lujoso rodeando la montaña,
desde muchas leguas a ver lo que
no tienen en sus almas.

Los clavadistas quienes dan sus vidas,
más de una vez al día para traer
sonrisas y vida presente a esos.
Ellos quienes han esclavizado sus vidas
a los placeres materialistas
quienes han robado su
esencia humana.

La exclusión de los chinos

Estaba tomando un sol, en la playa,
bajo de la "...*puerta del cielo*" cuando
llegó una china anciana sobre
una recámara de hule
remando hacia el fin de la cobija del Pacífico.
Las arrugas en su cara, testificaban de
su residencia extendida y sus pesares en
esta tierra. Me gritó al querer desbordar
de su barco, "¿Me puede dirigir
a mis tataranietos?"

Con gran confusión le
contesté, "¿Señora, ha vivido
a ver a sus tataranietos?"

"Sí pues, les prometí
esperarlos desde su
primer carta."

"¿Pero por qué vino a
buscarlos aquí a México?"
le pregunté.

"Bueno, señor, apenas
me di cuenta que los malvados
estadounidenses me los enviaron para acá
hace un tiempo. Y, bueno, aprendí
por si ya se les había olvidado
su idioma natal.

"Le di la mano y llamé
al mesero que le diera
de comer para llenar su panza.
Después le di un dinero para
que fuera a Baja California y
a Sonora a unirse con
su posteridad.

Las piedras del ayer

El infierno y el cielo
están dentro de mí.
Mis células dirigen el autopista
que fluye entre estos dos senderos.
Cada carretera tiene su distancia,
entonces cuidado en el pensar dañino por
mucho, ya que también
el desafío es el tiempo
quien no perdona.
Mis músculos del
pescuezo son
imanes a los mensajes.
La música de Flamenco
sostiene mi son primordial
quien baila con las olas
que vienen del fuente del amor
y chocan con las piedras del ayer.

Que toque la
música para inundar
las melodías internas. Es
por eso, que las artes
son indispensables.

Licenciada, ojos verdes

Licenciada, ojos de
selva verde que abraza
las aguas de los
arroyos primitivos.

Linda en su sonreír.
Su platicar es vividor y su
inquietud es de una
huerta platanera.

Su pelo, en sus
buenos o malos momentos, es poesía.
Sus caderas descienden la alegría
de los dioses aztecas por los
sacrificios que se les han brindado.
Su caminar, actualiza
mi existencia. En
ese momento, entiendo
mi propósito mundano
sin por tan sólo
un segundo

Su curiosidad, despierta
mi indiferencia hacia
la sociedad. Un eslabón
y otro agrandan
la geografía
amoral.

El propósito de Acapulco

Hay dos propósitos al
venir para Acapulco

El primero, para extender
el hedonismo.

El segundo, para extender
la busca hacia la verdad si es que hay.

Estos son dos distintos
senderos; piénsalo bien
cual has de escoger.
Pero recuerda, que dos
ríos se cruzarán de vez
en cuando,
y a veces se enlazarán
por siempre aquí.

D.F. y D.C.

D.F. y D.C.
Dos abreviaturas,
dos regiones autónomas
de sus estados

Distrito Federal,
desfiles fecundos
cuando llega el 16 de
septiembre.

Distrito de Columbia,
cóleras debilitantes
por querer alcanzar un
paraíso sin saber que
nosotros somos
ese mismo paraíso.

ENGLISH

The Sealess Captain

I am the sealess captain.
I have my senses set in place
so I can understand the waves and
feel the oncoming thunderstorms,
but only throughout the mainland
since surrounding me are seas of
land, concrete, and blacktop.

I am the sealess captain.
Even with unmatched maritime skills,
I've been exiled in the desert.
My captain's suit, each day, is
losing its courage.

I am the sealess captain.
In each instant, my mind
wrestles with whales
and courts new continents.
I awaken later
to sojourn alone in the
garden Gethsemane.

I am the sealess captain.
Like the oceans flow,
I direct solely the essential emotions
who are wicked laborers,

always wanting to convolute
the others.

I travel up the stairs
when they go down,
I drink soda pop outside
the church of "Our
Lady of Solitude," what
a melancholic name for an
institution of hope.

I look for the loose change in my
pocket, knowing there will be none.
I make the sign of the cross,
and afterwards I leave to
sin throughout my existence.
I am the priest that does not believe
but will admit this to no one;
I have to be of assistance and help
numb this dream.

In my mind, I take refuge in
the river *Mezcala* which is my Caribbean sea.
Its fishes are whales,
and its protruding rocks are
new continents.
I am the new Christopher Columbus.
The doves are airplanes 747

flying toward all places.

I am the sealess captain.
If I wanted to be Cortez or Qutzalcóatl,
I could not be so. I am air inside a closed jar,
and the precise air I need is on
the outside. My eyes prefer
to not look out through
the jar's 360 degree window;
my jar is, each day, shrinking
more and more.

I am an old person without a church,
a cripple without crutches,
the sun without light,
a chauffer without a vehicle,
a song without melody,
cement without sand,
a streetlight without electricity,
a student without school,
a believer without God,
a tree without roots,
a youth without rebellion,
a mosquito without humidity,
the immense night, without stars.

I am...

...the sealess captain.

Mountainous magic

Valencia, the oasis of the inland,
a vein of the desert of California.

On an un-summer, the
gates held the herd of which I
was a willing participant.

I, a part of the whole, an electron
of a cell, but as always a
valence electron for I stand watch on
the lighted tower by the sea,
a lover of humanity that
must walk it alone.

Viper

Tick, tick the chain moved
I battled with fear today
I wonder who won?

If I had never become a teacher

If I had never become a teacher,
I would have sat-in
on history classes,
to listen to the
syntax of phonemes,
to hear juxtaposed
and subjective ideas,
as objective as was
the intent.

Go to the stars

Go to the stars every night;
they have the answer to your question.
Only, do not make conditional statements
when addressing them. Accept what you
are told; it will be… the bold truth.

I sat alone

I sat alone in the middle of nowhere.
I received the answer of what makes a poet.
The answer was wretched! It filled
the streets more abundantly than
what filled France when
Robespierre reigned in the
late 18th century.

A poem to the beloved children

I sing to you, oh great brethren.
You, the true beyond reason for living.
You give what old age cannot, innocence
of heart. You eliminate all sunsets.
Only to you I take off my hat.
Live your life like the
most beautiful song and
love your youth!

I am a cicada

I am a cicada,
incubating until I rise to breathe
the ocean side of Ensenada.
My heart absorbs
the rain and embraces
the tragicomedy, while the
trio plays "*El Siete Leguas*"
in the background, creating
a profound *patriotismo*
running and defibrillating
my stagnant and etherized
existence in the land that has
fallen from its pedestal.

Majestic river

Majestic river mother of life,
green garden of Eden
with hills as soldiers and trees that
embrace Goliath.
The ubiquitous sounds of eternal life spring
from the abyss of yesterday's flow.

The tip of my tongue
absorbs nature's pastures.
Iron and oxygen inoculate my chambers;
carbon dioxide I gladly give.

Through my nostrils, enter the
waters of the River Jordan
that gives elements of
those barbeques of
yesterday.

Transported, I am, back
to the times of nature
when all was spring,
when new technology did
not choke our souls or
alienate us from
posterity.

Out of the cave

"I am too much out of the cave,
scolding fires of truth.
What others feel at their extremities,
I feel, all too much, at
my center."

Closed eyes

They asked me, "Should the music be turned
down?"
I looked up and my response was…

closed
eyes.

When the ambulance sounded

When the ambulance sounded,
I knew my time had come.
I did not fight. My time was up;
no other option.
As I rode away on a coffin of wheels,
I cried tears of spiritual pain.
My sunset had come on the dawn
of a new Wednesday.
At 3:17 in the morning, at this time,
no one cared for counting
the jumping sheep let alone a
poor reporter of the soul.

I asked the medical technician
for his name. He answered,
"Do not speak, you must
save your strength."

I exclaimed with watery eyes,
"I have lived. All that is left is to die well.
Please do not deny me my last wish."

I asked him to say to my
loved ones that I died well.
"You must at least tell them that,
I died well!"

The medical technician was too busy to
take notice. He continued the story
he was telling his partner before
they were interrupted with
my situation.

My poetry

My poetry has always been a vehicle, moving
forward and backwards through the rhythms
of traffic. Many times I traveled on freeways
that were anything but free.
Many times, I've traveled
on one-way roads that had
more than one way.

My poetry is born of scorpions and limes,
meshing to sting and squeeze out the last cell,
a desire to end the harvest.

My poetry appeases the scorpions as
they make their way toward the river banks;
they are unforgiving creatures with a tail
that burns like the sun.

My poetry is born from reincarnations of the past.
Picasso and Neruda left in '73 and deposited
themselves in me. I am the liberated 15th
Dalai Lama, for true faith is an idealistic and
internalizing soul, not a region.

My poetry dies with every
indifferent, taciturn soul.
It bleeds for hermeneutics using as its shield
epistemological devices.

My poetry has never really existed.

It was always a shadow of the
impregnated cells that
filled my emotions.

My poetry was always,
in its incubating stage.

My life, I leave for the youth

My life, I leave for the youth.
Their smiles mean more to me
than the only oasis in the
Sahara Desert.

The youth shout *"carpe diem"* in their
own special way. Unfortunately,
they are not given the
necessary credit.

As the mind grows,
so their smiles turn downward.
"We are all born free but everywhere,
we are in chains," an irresponsible, babbler
of France once proclaimed.

Funneled chords

Chords funneled through a
spiritual opening.
In the view of your melody,
I travel to majestic courts,
I dance with Sor Juana and Frida
under omnibus chandeliers.
Here, my life is awakened and
the river seems never-ending.

Language by way of unlanguage
frees and emancipates from the mendacious
human proclivities. My pathological
memory implodes, as I
dance with nature.

Before, running through my veins, an insatiable,
drowning, clandestinial fire. The volume of
this room is filled with cherubs today.
Happy I am in an unbeing realm.

Box of dreams

I live in a box of dreams.
None will come true, they
are only thoughts gathering for brunch
after gluttonous brunch.

I live in a box of dreams.
The true circus is outside,
playing with clown faces by all
different races. I, too, join them
as I spring from this box
from time to time.

I live while a-live.
I have been a-live spiritually
under this hubris fog.

To live on economical margins,
but outfitted with cultural fittings
is to truly live, the state of cultural
sensations gives purpose
and meaning.

Iraq will have great poets

In years of tribulation, is when
much personal truth surfaces for
poets are forged from hardships,
just like a sparkling diamond is at first
a dark, repulsive rock.
No doubt, Iraq will produce
great poets. Great Babylon
has awakened after centuries of rest.
Ishtar's gates are now open for new
prophesies, and the exploiters minds
will now be administered injections
of truth serum.

.

"I was afraid..."

"I was afraid..."
When I felt the cold of the sun,
I feared this day since I
came from that cave.

"I was afraid..."
When I felt the cold of the sun,
I understood that the laws of the world
no longer included me.

"I was afraid..."
as my body was laid.
I wondered,
"What roads did
I pave?"

"I was afraid..."
What a joyfully, sad day.
I did not have time to
water my beautiful,
palms.

"I was afraid..."
Those were the last
words that I gave...

The orange

"This orange is home to almost no juice.
All life and abundance are drained. Time
for replanting," says the
young farmer.

This morning

This morning I awoke and thought
"How beautiful to be able to read
and write."

I picked up my pen and wrote,
wrote, and wrote without end.

The words were so dear they
brought tears to my eyes. Letter after
letter came together without thought.
Like doves when rice is thrown
their way in the plaza, they react without
burning a brain cell; as such was I.

The dew of the
morning gave each letter their protective
coating so as to hold their meaning.
I thought in schools, schools of letters; one after
another
made its entrance and stayed behind to cultivate
their patience. If you could see my thoughts they
would be a constant-moving alphabet shuffling
around to complete the thought stimulations.
I felt humanity in every cell that was me.

This morning, I understood
that writing leads to creating,
and creating leads to being alive,
and being alive is to be in the present
and being in the present is the key
and the key is time
and time is.

I say nothing

I want you to know that I hunger…
I say nothing.
I want you to know that my home is everywhere…
I say nothing.
I want you to know that I am catatonic…
I say nothing.
I want you to know that I do listen to your
advice…
I say nothing.
I want you to know that slowly I'm becoming ice…
I say nothing.
I want you to know that I will speak my truths…
I say nothing.
I want you to know that I want to be of service…
I say nothing.
I want you to know that everything seems folly…
I say nothing.
I want you to know that knowing is foolish…
I say nothing.
I want you to know that I am you…
I say nothing.
I want you to know that Tupac's will was strong…
I say nothing.
I want you to know that I love to cultivate…
I say nothing.
I want you to know that I love to connect…
I say nothing.
I want you to know that race is so limiting…

I say nothing.
I want you to know that I am the 10th planet...
I say nothing.
I want you to know that I'm running out of time...
I say nothing.
I want you to know that my soul beats time...
I say nothing.
I want you to know that I know the answer...
I say nothing.
I want you to know that I shout for all...
I say nothing.
I want you to know that I love you, the poor...
I say nothing.
I want you to know that I love you, the rich...
I say nothing.

Saying nothing has been
the wisest thing I have ever accomplished.

The author

The author in his life lives
but two lives, one, with the world and
the other with the shadows of past lives.
They show him signs and lead him to and fro
venturing into dangerous paths.
Fighting the gorgons of their imaginations,
the author becomes drunk with the secret
understanding that they are the secret
and fountain that they search for.
Until the last page is written,
does the author understand
the purpose; his time, however,
has, sadly enough,
come to an end.

The wind sings to my ear

The wind sings into my ear.
It brings Gregorian chants,
of early Catholic proclivities
thrown on my soul.

I am receptive to the stars that are puppet
masters over the winds. They know what
our encounter will bring. But who cares,
either way, they bend, I bend.
Who really cares?

It sings and tells of the impoverished youngster,
the guttural cries from a disparaged lover.
The nymphomaniac who numbs the lack of love
with unlove, the car that is pimped
but lacks comfort.

The *rosal* that stands strong in its pose
but after you walk by, its pupils close,

the friend that comes and says hi for a bit,
but if he stays long, my sorrow puts up a fit;

the ants that toil and follow orders to belong;
now and then, one strays to sing his own song.

I have now won and peddled off
my indifference, ready to walk in the frost.

The wind sings and is near.
I cover my heart and you comfort my fears.

The wind sings to my nights.
Eyes closed, my soul takes flight.

Unacceptable

Fallen from lies
that bring-in the morning's cries.
The youth will have to wait until
tomorrow to sing their own song.

Brown skin, a barrier.
Truth, not always acceptable.
A Mexican male pedagogue… rare
though I am a prisoner of hope.

The melting pot is an illusion, sprinkles
and alchemy of dominant WASP America.
I too would "rather die on my feet
than live on my knees,"; self-respect is
not limited to a certain pigmentation and
has been vastly underrated here.

My time above the glass ceiling
was momentary for the dominant culture
has repatriated me, an urban *Bracero,*
forced into righteous indignation,
marginalized to live clinging to
love. The guttural cries
become synthesized atoms.

The answer does not breathe
but I will breathe into your soul,
with words that come from the
secret chamber that has as its shield
the ticking of the clock.

Need

Need breeds twofold.
It breeds ambitions
and vices. What
a horrible word!

One, two

One, two
One, two
One, two
The rhythm of my heart
plays its game.

One, two
One, two
One, two
I walk through the streets
of the locally owned stores.
My mind always wandering
away, very, very far away.

My two languages become
convoluted in my mind.
I hear them clash and declare
war at every thought that precipitates
to the tip of my consciousness.

Representing the Spanish camp,
Miguel de Cervantes holding up his chin
with his feeble knees; *Sancho* or his armor
are nowhere to be found.

Representing the English camp,
William Shakespeare on the opposite end,
with his shattered heart from so much
extraction, sticks out his chest. He

cannot muster the courage
of his Mercutio.

After a duel that lasts only
one minute, both men
stop, and agree to rather
fight through words
and use patience as
their interpreter.

One, two
One, two
One, two
I would rather be a guitar,
to sing out the melancholy of
my hybrid cells. Thus, I would sound
and take credit for serving as the bridge that
joins these two volatile waters.

One, two
One, two
One, two
The thing I most longed to say
in this world was impossible as my two left
my one, and to show its loyalty,
one followed suit.
I am very proud
of one.

Poor follower

I regret your suit today, sir.
I'm aware that your
thoughts and wisdom are
trapped and obscure.
You follow
and, for that, a lump
in my throat forms as I do swallow.
You've entered to obey.
while your humanity
is asking and begging
for you to stay.

The most beautiful girl

The most beautiful girl today
will be an abeautiful girl in
future years, according to nature;
She would be wise to marry
an honest and good-hearted man;
for adhering to the outside,
will make her a laughing stock.
They will say,

"I would have never guessed."

Sobre el Autor

Rudy Calderón es poeta mexicano-americano quien radica en Santa María, Calfornia en los Estados Unidos. Rudy obtuvo su licenciatura en Historia de CSU Bakersfield y su maestría en pedagogía de Chapman University. Él ha publicado más de mil poemas por medio de los siguientes libros de poesía: *I Wonder If You Will Ponder? A Collection of Poems* (2003), *Existential Fighting through my writings* (2004), *Mi Familia Mexicana Versos Sinceros* (2005), *Letters to the Wind: A Transcendental Spirit* (2005), *Canto Ubicuo* (2006), *Sangre del Sol Blood of the Sun* (2006), *gritos en el monte* (2007), Borrad *la fecha de existencia Erase the Date of Existence* (2007), y *Destierro en Acapulco* (2008). En el 2004, Rudy fue invitado a leer de sus obras en el 8th Annual Latino Book and Family Festival por el actor y activista social Edward James Olmos en California State University Los Ángeles. Incluso, sus libros han sido textos requeridos en clases de literatura chicana en California Polytechnic State University San Luis Obispo. En el 2005, fue el *Featured Poet* en el Poetry Festival de San Luis Obispo, California. Hoy en día es profesor de inglés en la secundaria El Camino Jr. High School. Para ordenar más libros, favor de ir a los siguientes sitios: www.authorhouse.com y www.uni-vurs.com.

About the Author

Rudy Calderón is a Mexican-American poet who resides in Santa María, California in the United States. Rudy earned his BA degree in History from CSU Bakersfield and his master's degree in Teaching from Chapman University. He has published over a thousand poems within the following books of poetry: I Wonder If You Will Ponder? *A Collection of Poems* (2003), *Existential Fighting through my writings* (2004), *Mi Familia Mexicana Versos Sinceros* (2005), *Letters to the Wind: A Transcendental Spirit* (2005), y *Canto Ubicuo* (2006), *Sangre del Sol Blood of the Sun* (2006), *gritos en el monte* (2007), Borrad *la fecha de existencia Erase the Date of Existence* (2007), y *Destierro en Acapulco* (2008). In 2004, he was invited to read from his works at the 8th Annual Latino Book and Family Festival by actor and social activist Edward James Olmos at California State University Los Ángeles. Also, his books have been required texts in Chicano literature courses at California Polytechnic State University San Luis Obispo. In 2005, Rudy was the *Featured Poet* at the Poetry Festival in San Luis Obispo, California. Currently, he is an English teacher at El Camino Jr. High School. To order more books, please visit the following websites: www. authorhouse.com and www.uni-vurs.com.